AF355795

DECLARATION
DV ROY.

Pour la Vente & Reuente des Offices de Notaires, Tabellions & Gardenottes Royaux, Domaniaux & Hereditaires, vnis & incorporez
ensemble au ressort de la Cour de Parlement
de Thoulouse, pour estre lesdits Offices acquis
& exercez par vne seule & mesme personne;
Auec la faculté par les Acquereurs de proceder
aux Inuentaires, soit qu'il y aye enfans, Majeurs ou Mineurs, & descharges d'aller faire au-
cunes Actes de Sommation, Requisition & autres, & de tous logemens effectifs de gens de
Guerre, & de toutes charges personnelles, do
Consulats, Collectes, Tutelles, Curatelles,
Sequestrations, & autres generalement quelsconques.

A PARIS,
M. DC. XLIX.

(3)

LOVIS par la grace de Dieu Roy de France & de Nauarre, A nos amez & feaux les gens tenans noſtre Cour de Parlement de Thoulouſe, Salut. Le feu Roy Henry le Grand par ſon Ediƈt du mois de May 1597. ayant ſupprimé tous les Offices de Notaires de ſon Royaume, Païs, Terres & Seigneuries de ſon obeïſſance, appanages & engagemens; Comme auſſi ceux de Tabellions & Gardenottes, auec les droiƈts, profits, reuenus & émoluments en dépendans, & les ayant incorporez à ſon Domaine, en ordonna la vente à faculté de rachapt perpetuel, & que ceux qui en ſeroient pourueus prendroient le titre & qualité de Notaires, Tabellions & Gardenottes Royaux & hereditaires, & qu'il en ſeroit eſtably aux Villes & lieux qui ſeroit neceſſaire; Et par autre Ediƈt du mois de Septembre 1616. le defunƈt Roy noſtre tres-honoré Seigneur & Pere au-

roit ordonné la vente & reuente de son
Domaine ; Enſemble deſdits Offices des
Notaires, Tabellions & Gardenottes
Royaux, comme dépendans dudit Domaine, leſquels Edits auroient eſté Re-
giſtrez en ladite Cour de Parlement de
Thoulouſe, & la reuente deſdits Offices
de Notaires, Tabellions, & Gardenottes
hereditaires faite en la pluſpart du reſſort
d'icelle : Mais à cauſe des guerres qui
eſtoient pour lors dans noſtre Royaume, particulierement és Prouinces de
Languedoc & Guyenne, leſdites ventes
& reuentes auroiét eſté faites à ſi vil prix,
que les frais auroient conſommé la plus
grande partie de la Finance, & meſme
pluſieurs deſdits Notaires n'ont pas finance pour leſdits Offices de Tabellions
& Gardenottes, & neantmoins ont joüy
du benefice deſdits Offices, comme s'ils
les auoient acquis, & du depuis ayant
eſté creé des Offices de Côtroolleurs deſdits Notaires par Edict du mois de Mars
1639. leſdits Notaires ont ſuſcité les gens
des trois Eſtats dudit païs de Languedoc

de nous demander la Suppreſſion deſdits Controolleurs, & ont refuſé le payemét des droicts de Controlle, nonobſtant les Arreſts de noſtre Conſeil; Ce qui nous a priué du ſecours que nous attendions de la Finance deſdits Offices de Controolleurs, & ayant eſté ordonné par Edict du mois de Decembre 1642. pour les conſiderations y contenuës, & conformémét à celuy du mois de May 1575. que les Offices de Gardenottes ſeroient eſtablis ſoparément de ceux des Notaires & Tabellions, & que auſdits Offices de Gardenottes ſeroient vnis & incorporez leſdits Cotroolles: Les Notaires qui auoient acquis & vny à leurſdits Offices ceux de Tabellions & Gardenottes, Nous auroient faict diuerſes plaintes du prejudice qu'ils reçoiuent au moyen dudit Edict, & des taxes qui auoient eſté faites ſur leurſdits Offices, qu'ils diſoient n'eſtre pas tenus de payer, pour eſtre contraires à l'Edict de creation de leurs Offices. Surquoy Nous leur aurions pourueu par nos Lettres de Declaration du 1. May 1645. ayát

reuoequé le ſuſdit Edict du mois de Decembre 1642. & ordonné en conſequence de celuy du mois de Septembre 1616.
qu'il ſeroit procedé à la vente & reuente
de noſtre Domaine, & deſdits Offices
hereditaires & domaniaux des Notaires,
Tabellions, gardenottes & Controolle-
d'iceux, que nous aurions vnis & incorporez enſemble, la vente deſquels Nous
auons ordonné eſtre faite conjointemét
par meſme contract, auec l'attribution
des fonctions, droicts & émolumens attribuez auſdits Offices, pour en jouïr &
diſpoſer par les acquereurs, leurs veſues,
enfans & heritiers, biens tenans & ayant
droict & cauſe hereditairement, à faculté
de rachapt perpetuel, ce qui a eſté exe-
cuté au reſſort, tant de noſtre Cour de
Parlement de Paris, qu'autres endroicts;
Et voulant faire proceder à la vente & reuente deſdits Offices de Notaires, Tabellions, Gardenottes & Controolleurs
dans l'eſtenduë du reſſort de noſtredite
Cour de Parlemét de Thoulouſe: Il nous
a eſté dict, que leſdits Notaires deman-

doient le rembourcement de la Finance
par eux payée, tant pour l'acquisition de
l'Office de Notaire Royal & heredité d'i-
celuy, que des Offices de Tabellion &
Gardenottes qu'ils ont acquis, & de la reuente qui leur a esté faite desdits Offices,
& des taxes par eux payées : Disans, que
lesdits Offices leur sont onereux, à cause
que le droict qui leur a esté attribué de
proceder aux inuentaires des personnes
qui les y cōmettoient par leurs testamens,
tant pour enfans majeurs que mineurs, &
encores par ceux dont ils sont requis,
soient heritiers, tuteurs, curateurs, & autres ayans droict & cause des testateurs,
& encor de ceux qui meurent *ab intestat*,
leur est disputé par les Commissaires &
Greffiers, confecteurs des Inuentaires, &
par les Iuges Royaux & Banerez des Villes & lieux du ressort de nostredite Cour
de Parlement de Thoulouse, au prejudice
de l'establissement de leurdit droit, expri-
mé aux Articles 164. de l'Ordonnance de
Blois, & 155. de celles nostredit Seigneur
& Pere, du mois de Ianuier 1629. verifiée

ſans aucune modification en ladite Cour
de parlemét de Thouloufe ſous pretexte
des Arreſts donnés en noſtre Conſeil: Et
d'ailleurs que leſdits Notaires ſont forcés
& contraints d'authorité de Iuſtice d'aller en perſonne faire des actes de ſom-
mation, requiſition, proteſtation & autres ſemblables, à ceux qu'ils ſont requis,
quoy qu'ils ne puiſſent eſtre obligez de
ſortir de leurs Eſtudes que quand bon
leur ſemble: Et de plus, qu'il ne peut pas
eſtre cópris en ladite reuente, les Offices
de Cótroolleurs pour auoir eſté Suppri-
mez à la requiſition des Eſtats dudit païs
de Languedoc. Et deſirant remedier à
ce que deſſus, pour retirer promptement
en la neceſſité preſente de nos affaires
quelque ſecours de la vente & reuente
deſdits Offices de Notaires, Tabellions
& Gardenottes Royaux & hereditaires
dépendans de noſtre Domaine. NOVS
auons mis cette affaire en delibera-
tion en noſtre Conſeil, où aſſiſtoit la
Reine Regente noſtre tres-honorée Da-
me & Mere, noſtre tres-cher Oncle le

Duc d'Orleans , noſtre tres-cher Couſin le prince de Condé, & autres grands & notables perſonnages, & de leur aduis, & de noſtre certaine ſcience,pleine puiſ-ſance & authorité Royale . Auons par ces preſentes Lettres de Declaration, ſi-gnées de noſtre main, en conſequence de celles du mois de Mars 1645. & des Edicts y mentionnées, particulierement de celuy du mois de Septembre 1616. ve-rifie en ladite Cour de parlement de Thoulouſe; Declaré & ordōné,declarōs & ordonnons, Voulons & Nous plaiſt, que par les Commiſſaires qui à cét effect ſeront par Nous deputez, il ſera inceſ-ſamment procedé à la vente & reuente, dans toute l'eſtenduë du reſſort de no-ſtre Cour de parlemēt de Thoulouſe des Offices hereditaires & Domaniaux de Notaires , Tabellions & Gardenottes Royaux ,conjoinctement & par vn meſ-me contract, pour eſtre leſdits Offices ainſi vnis & incorporez,exercez par vne ſeule & meſme perſonne ; Auquel effect Nous auons vny & incorporé, vniſſons

& incorporós par ces presentes tous les...
dits Offices, auec les fonctions, droicts &
émolumens y attribuez, pour en jouïr &
disposer conjoinctement & hereditairement par les acquereurs, leurs vefues, enfans & ayans droict & cause, & de leurs
Nottes & Protocoles, Minuttes, Liasses &
Papiers à leurs plaisirs & volótez en la vie
& en la mort, Nous reseruant seulement
la faculté de rachapt perpetuel desdits
Offices de Notaires, Tabellions & Gardenottes Domaniaux Royaux hereditaires, Et desirant fauorablement traitter
lesdits Notaires, Tabelliós & Gardenottes Domaniaux Royaux hereditaires de
nos Villes de Thoulouse & Montpellier.
Nous voulons & ordonnons que ceux
qui sont établis audit Thoulouse & Mótpellier contractent de deux à deux sans
tesmoins dans lesdites Villes de Thoulouse & Mótpellier, tout ainsi & de mesme que font les Notaires du Chastelet
de nostre bonne Ville de Paris, & si lesdits Notaires se trouuent seuls à la Cam-
pagne, pourront contracter aux lieux

où il n'y aura pas de Notaires establis, en
presence de tesmoins & non autrement à
peine de faux. Enjoignant à tous Notaires de garder nos Ordonnances, ausquels
Nous defendons d'aller contracter aux
lieux où il y aura des Notaires establis sur
peine de la rigueur d'icelles. Declarons
neantmoins ne pas exclurre les Notaires
de nostredite Ville de Montpellier de
leurs Priuileges; Et auons décharge & dé-
chargeon lesdits Notaires, Tabellions,
Gardenottes Royaux, Domaniaux hereditaires ainsi vnis & incorporez, de
toutes Taxes faites & à faire sur lesdits
Offices, Nous reseruant seulement ladite
faculté de rachapt perpetuel, sous cette
condition que les anciens Proprietaires
n'en pourront estre depossedez, qu'ils
n'ayent esté actuellement & prealable-
ment rembourcez de la Finance par eux
payée, frais & loyaux cousts, suiuant la
liquidation qui en sera faite par les Commissaires à ce deputez, sur leurs Con-
tracts d'acquisition & reuentes qu'ils se-
ront tenus de representer pardeuant les-

dits Commiſſaires, dans vn mois apres le
commandement qui leur en ſera fait à
perſonne ou domicile, paſſé lequel delay
d'vn mois, Nous interdiſons leſdits Notaires de la fonction de leurs Charges, &
leur en defendons l'exercice à peine de
faux, de mil liures d'amande, & de perte
des Offices aux contreuenans; Et Voulós
qu'apres ledit delay, il ſoit paſſé outre
àla reuente de leurſdits Offices, en conſi-
gnant par l'acquereur ce qui ſera ordon-
ne par leſdits Commiſſaires, entre les
mains de leur Greffier, ou autre perſonne
qu'ils commettront, & moyennant ce,
l'Acquereur en demeurera vallablemét
déchargé, Et ſeront tenus leſdits anciens
Proprietaires qui ſeront depoſſedez, au
moyen deſdites reuentes de leurs Offices
de Notaires, Tabellions & Gardenottes
de remettre entre les mains des Acquereurs tous leurs Regiſtres, Minuttes,
Liaſſes, Protocolles & autres Actes & Papiers, & ceux de leurs predeceſſeurs, &
autres qu'ils auront en leur pouuoir, & ce
lors & à meſme temps qu'ils receuront

leur rembourcement, defquels tiltres lefdits Acquereurs fe chargeront au bas d'vn
inuentaire double & fuccint qu'ils en
drefferont enfemble, ainfi qu'il eft porté
par le fufdit Edict du mois de Septembre
1616 & Arreft de noftre Cour de Pai le-
ment de Paris donné en execution le pre-
mier Decembre 1648. & autres donnez
en fuite. SI VOVLONS & Nous plaift,
que fuiuant les Arrefts de nos Cours do
Parlement de Paris & de Thouloufe, lefdits Notaires, Tabellions & Gardenottes
Royaux Domaniaux herediraires jouïf-
fent de la faculté de proceder aux inuentaires des defuncts, conformément à ce
quieft contenu en l'Article 164. de l'Ordonnance de Blois, & en l'Article 155 de
l'Ordonnance de l'année 1629. Regiftrée
en noftredite Cour de Parlement de
Thouloufe, & que lefdits Notaires foient
tenus & obligez de receuoir & dreffer
dans leurs Eftudes les actes de protefta-
tions, requifitions, interpellations, fom-
mations & autres, de femblable nature,
qu'ils feront requis par les parties, & qu'ilś

les expedient & fignent en la forme ac-
couftumée, & les déliurent aux parties
pour les faire fignifier par les Huiffiers &
Sergens comme bon leur femblera, fans
que lefdits Notaires puiffent eftre forcez
& contrainćts par authorité de Iuftice ny
autrement, d'aller monftrer ny notifier
lefdits aćtes que de gré à gré ; dont Nous
les auons déchargez & déchargeons, Defendons à cét effećt à toutes nos Cours
& Iuges de rien ordonner au contraire, &
parce que la Charge defdits Notaires re-
quiert & demande vne affiduité conti-
nuelle pour feruir le public, & qu'il eft
tres-important de pouruoir à la feureté
& conferuation de leurs papiers : Nous
les auons exemptez & exemptós de tous
logemens effećtifs de gens de guerre, a-
uec defenfes à tous Commandans, Con-
fuls & autres d'y contreuenir, fur les pei-
nes des rigueurs de nos Ordonnances.
Comme auffi les auons déchargez & déchargeons de toutes charges perfonnel-
les de Confulats, Collećtes, Tutelles, Curatelles, Sequeftrations & autres genera-

ment quelsconques. SI VOVS DONNONS
EN MANDEMENT de faire Regiſtrer ces
preſentes ſelon leur forme & teneur, &
faire jouïr du contenu en icelles pleine-
ment & paiſiblement les Acquereurs deſdits Offices de Notaires, Tabellions &
Gardenottes, Royaux, Domaniaux &
hereditaires, & des ſuſdites exemptions,
nonobſtant tous Edicts, Lettres de Declaration, Ordonnances, Arreſts & autres choſes à ce contraires, auſquels Nous
auons dérogé & dérogeons par ces preſentes pour ce regard, Vous en attribuát
à cét effect toute Cour, Iuriſdiction &
connoiſſance, & icelle interdiſons & defendons à toutes nos Cours & Iuges. CAR
tel eſt noſtre plaiſir. Et afin que ce ſoit
choſe ferme & ſtable à touſiours, auons
fait mettre & appoſer noſtre ſeel à ces
preſentes. DONNE' à Compiegne au
mois d'Aouſt, l'an de grace mil ſix cens
quarante-neuf. Et de noſtre Regne le
ſeptiéme. Signé, LOVIS. Et plus bas,
Par le Roy, la Reine Regente ſa mere
preſente. PHELIPPEAVX. Et ſeel-

lée du grand Seau de cire jaune sur simple
queuë.

Collationné à l'Original par moy
Conseiller Secretaire du Roy &
de ses Finances.

www.ingramcontent.com/pod-product-compliance
Lightning Source LLC
LaVergne TN
LVHW021627170726
843501LV00010B/4195